L'AFRIQUE

L'ARMÉE

ET

LES OUVRIERS

PROJET DE COLONISATION

PAR AD. MAUREL.

PARIS

CHEZ LES PRINCIPAUX LIBRAIRES.

—

1848.

L'AFRIQUE

L'ARMÉE ET LES OLIVIERS

PROFIT DE COLONISATION

PAR AD. MAUREL.

PARIS

CHEZ LES PRINCIPAUX LIBRAIRES.

1848.

L'AFRIQUE

L'ARMÉE ET LES OUVRIERS.

PROJET DE COLONISATION

Par Ad. MAUREL.

AUX CITOYENS REPRESENTANTS

Membres des Comités de l'Algérie, du Travail, des Finances et de l'Armée.

Dans l'intérêt de l'Algérie, on s'est beaucoup, peut-être même trop exclusivement préoccupé, depuis la révolution de Février, de son adjonction à la France.

Ce n'est pas que, pour ma part, je sois opposé à la naturalisation de ce sol fertile, dont la conquête nous a coûté près de deux milliards, et que nos soldats ont si glorieusement arrosé de leur sang pendant dix-huit ans. Je la considère au contraire comme un droit pour la nation et un devoir pour le gouvernement.

Mais, dans l'état d'agonie flagrante où se trouve l'Algérie, je suis

fermement convaincu que cette haute mesure, protectrice et féconde dans sa prospérité, serait radicalement nulle contre sa détresse, et, sous ce rapport, j'ai vu sans étonnement, je l'avoue, l'Assemblée nationale en ajourner l'application comme plus embarrassante qu'utile dans le moment actuel.

Toutefois, il est à regretter que Messieurs les députés de l'Algérie et ses plus zélés partisans, n'aient pas réfléchi avant de s'exposer à cet échec, qu'il y avait quelque chose de plus sacré et de plus urgent que la parfaite garantie des droits civils de leurs concitoyens d'Afrique, c'est-à-dire leur existence même.

Substituer la loi aux exceptions partout où flotte le drapeau national, c'est un progrès sans doute, mais si désirable qu'il soit, ce n'est là, je le répète, pour l'Algérie mourante, qu'une considération secondaire, qu'une abstraction aussi respectable qu'elle serait impuissante à la sauver.

Ce qui a toujours manqué à l'Algérie, et ce qu'avant tout il lui faut aujourd'hui, c'est un bon régime agricole, un plan de colonisation rurale, sage et précis, facile à exécuter et résolument mis en œuvre (*). En un mot, c'est l'organisation du travail approprié à sa situation, et je dirai comment je l'entends, n'étant ni théoricien ni socialiste.

(*) Si le cadre de ce projet n'était pas aussi resserré, je serais entré dans quelques considérations que je réserve, sur certaines franchises douanières qui donneraient à la ville d'Alger, et principalement à Oran, dont la position agricole est loin d'être aussi bonne, une importance très-grande qui diminuerait d'autant celle de Gibraltar et le commerce des Anglais dans le Levant et sur la côte méridionale d'Espagne.

A propos d'Oran, un mot de M. de Lamoricière sur le Sebgba, cette belle et vaste nappe de terre, qui domine la ville et dont l'immersion et le desséchement annuels, habilement ménagés au moyen d'un tunnel qui irait du lac à la mosquée, donneraient à la ville d'Oran dix lieues carrées d'un fonds horizontal désalé et limoneux assez semblable aux bords du Nil. Le Sebgba vaudrait-il le Sig ? il serait en tout cas huit fois plus près.

Je me souviens d'avoir soigneusement étudié cette question sur les lieux avec M. le capitaine d'artillerie Lamarque, qui préparait à ce sujet un travail plein d'intérêt, comme du reste tout ce qu'a publié sur l'Afrique cet officier distingué.

Présentée sous ce point de vue, la question africaine eut assurément trouvé plus de crédit auprès de l'Assemblée nationale, et sans doute aussi que Messieurs les généraux Cavaignac, Lamoricière et Bedeau, qui ont été si impitoyables pour le projet d'**union**, auraient montré sur ce terrain la juste sympathie qu'à droit d'attendre d'eux le pays auquel ils doivent leur première illustration.

Aussi est-ce comme milieu sur lequel devront se rencontrer les deux partis, **unionistes** et **progressistes**, qu'a été conçu le projet que je vais sommairement développer, et auquel se rallieront, je l'espère, tous les amis de l'Algérie.

Son application, au surplus, n'est subordonnée à aucune modification du régime exceptionnel établi en Afrique. Il me serait même facile de démontrer que sous ce régime particulier, riche d'un prodigieux budjet en hommes et en argent, et que des amendements progressifs qui vont être étendus encore, ont presque assimilé aux institutions métropolitaines, le développement de l'Algérie aurait pu se produire plus rapidement que sous la simple protection, sous l'empire neutre de la loi commune.

Mais il faut bien le reconnaître, notre longue occupation de l'Afrique, si elle a été une glorieuse expédition militaire, est loin de nous faire le même honneur sous le rapport de la colonisation. Dans la province d'Alger principalement, elle a été en opposition constante avec les règles les plus vulgaires de toute fondation coloniale; l'élément agricole qui devait en être la base, y a toujours été négligé ou mal compris.

Dans les circonstances présentes, un tel état de choses peut offrir un immense danger, et il est du devoir de la République de le faire cesser au plus tôt. Qu'une guerre européenne, possible si non probable, sépare par un blocus l'Algérie de la France, et telle qu'elle est régie aujourd'hui, réduite à elle-même, elle serait exposée à mourir de faim, incapable qu'elle est d'alimenter pendant huit jours sa population civile et l'armée. Une vaine et fragile conquête, quand il était facile de fonder une riche et puissante colonie, voilà ce qu'ont produit, sous l'influence d'une volonté imprévoyante ou négative, dix-huit ans de paix européenne, des milliers d'hommes et des millions d'argent !

Il serait injuste toutefois de méconnaître que de grandes choses ont été accomplies, que de grandes difficultés ont été surmontées. La pacification et l'organisation des Arabes, la construction de plusieurs villes importantes, le port d'Alger, et en d'autres points la défense et l'appropriation du littoral, des routes, des canaux, des barrages, des ébauches de fermes et de villages, et par-dessus tout le respect du nom français parmi les indigènes, ce sont là assurément les jalons d'une puissante colonisation. Trop incomplets pour être productifs, trop importants pour être abandonnés, il faut relier entr'eux, pour en faire la base d'un système nouveau, ces travaux imparfaits, dont le principal défaut est d'avoir été disséminés sur une trop vaste échelle.

Nous possédons en Afrique plus de deux cents lieues de côtes, dont la superficie de la mer au désert, de Tunis au Maroc, forme une espèce de trapèze qu'on évalue généralement à la moitié de la France.

S'il est permis de rêver dans l'avenir la colonisation de cet espace immense, il est au moins prudent de ne l'entreprendre qu'avec mesure. Or, cette mesure raisonnable, c'est une juste proportion entre les moyens de colonisation et la surface des divers points à coloniser.

Ce sont, en première ligne, nos grandes villes du littoral, les petites ensuite, et enfin celles qui situées dans les terres, sont cependant assez rapprochées de la mer pour que la colonisation y puisse être utilement mise en œuvre.

Car il ne faut pas se le dissimuler, la mer joue un grand rôle dans notre Afrique française. Sa vue exerce un attrait sympathique qui console de l'exil, on croit encore être en France quand c'est le même flot qu'on caresse à Alger et qui bat à Toulon; sa brise saline purifie l'air, et le riche et le pauvre trouvent dans son sein un aliment inépuisable. Communications, approvisionnements, débouchés et nouvelles, tels sont en outre les avantages qu'offre son voisinage et dont le concours providentiel m'a déterminé à la prendre pour point de départ.

Je me hâte d'ajouter toutefois pour ceux qui connaissent l'Afrique, qu'ennemi des travaux ingrats et stériles, mon intention, sans les abandonner, est de compter pour peu les dunes et les sahels, chaque fois que comme à Alger par exemple, ils aboutiront à une plaine fertile.

Ainsi, sur ce point, c'est dans la Mitidja seulement, limitée par la Chiffa, l'Atlas et la Régaïa, espace qui comprend environ 60 lieues carrées, que je voudrais d'abord concentrer tous mes moyens d'action. Je proposerai même de borner là l'essai de mon projet, dont l'application générale serait subordonnée à ce premier résultat; non que je doute de son succès, mais parceque la crise et la pénurie du moment, qui paralisent toutes les ressources, m'imposent surtout cette prudente réserve ; et dans ce cas, il importe qu'Alger, qui par sa position centrale est à la fois la clé et le bouclier de l'Afrique, soit la première ville dont on s'occupe d'assurer l'existence par la production locale.

Mais dans la Mitidja elle-même, et quoiqu'aux portes d'Alger, la production rencontre devant elle trois obstacles puissants : les Arabes, les fièvres et le manque d'argent, obstacles qui sont presque le fléau de l'Afrique, et qu'avant tout il faut surmonter. Le développement de la colonie est à ce prix, il est tout entier dans ce triple problème, dont la solution peut seule changer les plaines désertes de l'Algérie en un magnifique champ de culture, rendre impérissable notre conquête, et faire de ce beau pays, autrefois le grenier de Rome, le jardin tropical de la France et son grenier d'abondance.

Simple et facile, quand aux Arabes, la question se réduit à refouler administrativement hors des zônes de colonisation, tous ceux qui à un titre quelconque, se trouveraient y occuper des propriétés foncières, en échange desquelles il leur serait donné une indemnité convenable dans les vastes dépendances dont l'État dispose sur toute l'étendue de la conquête.

Pour ressembler à une expropriation arbitraire, en tout cas excusable si elle était nécessaire, cette mesure, au contraire, ne serait que l'exécution amiable de la loi du sequestre, dont par suite de la guerre, ont été frappées dans le voisinage des villes, presque toutes les propriétés que les Arabes n'y détiennent encore que par tolérance, et contre lesquelles ils auraient l'avantage de recevoir des terres avec titre certain.

Cette disposition, comme on voit, leur serait donc favorable, mais elle profiterait surtout aux colons français, dont la sécurité se trouverait ainsi doublement garantie par leur agglomération et l'éloignement de voisins au moins incommodes, quand ils ne sont pas dangereux. En outre d'un surcroît de sûreté, ils trouveraient encore dans leur rapprochement des villes du littoral, une précieuse ressource pour leurs approvisionnements et le débouché de leurs produits. Tout le monde d'ailleurs comprendra la prudence, la nécessité de former autour de ces villes un territoire français, une colonisation purement française, dont le périmètre, en quelque sorte inviolable, assurerait les besoins alimentaires des populations qui y sont établies.

C'est dans ce cas que la distinction des deux races et de leurs intérêts pourrait, par voie d'assimilation, rendre possible l'introduction prochaine de la loi commune dans le territoire français, et de ce territoire, faire un vaste département qui aurait Alger pour chef-lieu et Bone et Oran pour sous-préfectures, tandis que le reste de la conquête, sur laquelle la colonisation empiéterait progressivement, pour venir cette fois se mêler aux Arabes, continuerait comme par le passé, à être régie par une administration mixte, qui depuis longtemps fonctionne avec succès sous le nom de **Bureaux arabes**.

Quand aux points stratégiques, éloignés dont le maintien est nécessaire, ils resteraient occupés militairement, mais il n'y serait fait aucuns travaux de colonisation par l'État, avant qu'un rayon de culture ne les eût reliés au littoral. On inviterait même les colons dont les établissements se trouveraient en dehors des périmètres de colonisation, à les délaisser, pour venir se grouper dans les centres nouveaux où ils seraient généreusement indemnisés.

En principe, mon système pourrait donc être défini ainsi : **Occupation générale, assimilation et colonisation progressives.**

J'ai déjà prouvé, quant aux Arabes, qu'il suffisait de les éloigner pour n'avoir plus à les craindre, et qu'on le pouvait amiablement, sans injustice, sans violence et même avec avantage pour eux. J'ajouterai encore pour ceux qui pourraient conserver quelque illusion sur leur compte, qu'essentiellement sobres, pillards et paresseux, et par suite de cette disposition, rebelles à toute culture, leur présence parmi nous sera toujours une entrave et jamais, ou de bien long-temps, un moyen.

Plus difficiles à conjurer, les fièvres ne sont pas cependant invincibles; elles ont leur cause dans l'inculture du sol, dans sa nature marécageuse et dans l'absence des grands végétaux. Aussi les voit-on diminuer partout où la culture, les plantations et l'irrigation viennent les combattre, et elles disparaîtraient complètement sans doute si les points assainis n'étaient encore empoisonnés par le voisinage de ceux qui ne le sont pas.

Pour les vaincre, il faut donc les attaquer par des travaux d'ensemble, tels que routes, canaux, plantations et défrichements, sur une étendue à la fois assez grande pour annuler le rayonnement du fléau, assez restreinte cependant, pour que, selon nos forces, ces travaux y puissent être promptement et complètement exécutés.

En colonisation comme en agriculture, on ne doit pas se laisser éblouir par l'espace, et c'est d'expérience qu'un hectare de terre bien cultivé et bien assaini, vaut mieux que dix, que vingt peut-être qui ne le sont pas. Mais dans l'état de crise où se trouvent les finances publiques et le crédit privé, le moyen de mettre ce simple hectare en valeur est un problème d'autant plus intéressant à résoudre, qu'à l'honneur de fonder une riche colonie, il allie la création presque sublime aujoud'hui, d'un vaste chantier de travail vraiment utile et moralisateur, dont l'attrait et la récompense pour ceux qui s'y dévoueront, seront la possession du sol dans un avenir prochain.

La douloureuse épreuve à laquelle vient d'être soumise la civilisation dans la capitale même du monde civilisé, porte avec elle un terrible enseignement. Paris a héroïquement triomphé, mais dans l'intérêt de l'avenir, dans l'intérêt des ouvriers eux-mêmes, ce n'est pas tout de les dissoudre, il faut les disperser sur des chantiers lointains. Que des secours les y accompagnent, car après les avoir vaincus, il ne faut pas les abandonner, sous peine d'avoir à les vaincre encore. Ouvrir des travaux à Paris, c'est les exposer à de nouveaux entraînements : la prudence et l'humanité exigent que ceux qui n'y ont pas leurs familles en soient au moins momentanément éloignés. Leur éloignement fera renaître la confiance, la confiance le luxe et la dépense, et c'est ainsi que le travail lui-même les rappellera dans nos ateliers privés, où libre et fraternel, il met sans cesse en contact le riche avec le pauvre, le propriétaire et l'ouvrier, que tend au contraire à diviser en deux catégories distinctes et ennemies, cette espèce de commandite fratricide, socialisme barbare qui finirait bientôt par emprisonner dans le même monopole tous les progrès et toutes les libertés. Oui, encourageons l'industrie privée, mais veillons aussi à ce que l'amélioration de l'œuvre profite à l'ouvrier.

Ce n'est donc que comme chantier exceptionnel, où l'État pourrait déverser provisoirement le funeste excédent des ouvriers de Paris, que je veux considérer l'Afrique. La plaine de la Mitidja pourrait à elle seule en recevoir immédiatement six mille, dont le travail commun assurerait d'abord l'avenir des meilleurs et peu à peu celui de tous.

Destinés en effet, sous la direction de l'État, à l'exécution des grands travaux de colonisation et à la construction des villages ils seraient aussi la pépinière où comme récompense nationale seraient recrutés les colons qui devraient les peupler.

Jusqu'à présent, je le sais, ç'a été une triste faveur d'être colon en Afrique. Mais à ce sujet, qu'il me soit permis d'entrer dans quelques détails pour éclairer les ouvriers, que contre leur intérêt, on cherche à détourner de cette direction dont la fatalité ne fut que relative. Le gouvernement monarchique, par une étrange erreur, s'était en effet assez singulièrement mis en tête, de ne peupler ce pays qu'avec des heureux et des riches; le plus petit colon devait justifier de mille écus au moins. De là, qu'arrivait-il? c'est que l'ouvrier, le paysan surtout qui avait gagné mille écus en France, s'y trouvait trop bien pour en vouloir sortir, et qu'il ne venait en Afrique que ceux qui n'avaient absolument rien. Aussi l'administration locale qui le savait, se montrait-elle fort peu difficile pour ces sortes de justifications, et non seulement elle délivrait aux nouveaux arrivants une concession de terre dans ses villages, mais elle leur donnait en outre une subvention qui variait de mille à douze cents francs. C'était un supplément octroyé à titre d'encouragement, et qui réuni à un premier apport de la part du colon, devait compléter la somme nécessaire à son installation. Mais comme je viens de le dire, la subvention étant le plus souvent son unique ressource, elle devenait dès lors insuffisante, et il la gaspillait sans profit pour l'État ni pour lui. Quelques planches achetées à Alger pour faire les parquets d'une maison en rêve, ne servaient le plus souvent qu'à la construction d'une barraque, et c'est dans ces demeures mal couvertes, mal jointes, et livrées à toutes les intempéries de la nuit et du soleil, que des familles entières ne tardaient pas à expirer sous la double atteinte des fièvres et de la misère.

« Il faut pour que ce spectacle affligeant, pour que ces abus homicides ne se renouvellent pas, que la plaine soit assainie, que les fermes et les villages y soient complètement aménagés, les maisons construites, les terres défrichées, avant d'y installer une seule famille.

Des travailleurs robustes et mobiles, peuvent seuls accomplir ces travaux préparatoires, qu'on rendra surtout sans péril, par la création d'un chantier de ville soit à la marine, soit aux fortifications, en intermittence avec ceux de la plaine.

Dans l'avenir comme dans le présent, ainsi sera sauvegardée la santé des ouvriers, et leurs travaux sans cesse variés par le changement d'air, de lieux et de nature, auront pour eux d'autant plus d'attrait qu'ils en devront personnellement profiter.

C'est en effet dans ces villages qu'ils auront eux-mêmes bâtis, que les ouvriers qui se seront le plus fait remarquer par leur zèle et leur aptitude, recevront non seulement une maison avec un lot de terre, mais encore, et par les soins d'inspecteurs spéciaux, toutes les avances nécessaires à leur prospérité.

Ces avances qui iraient en diminuant jusqu'à la troisième année et qui en moyenne ne dépasseraient pas mille écus y compris la maison, seraient alors capitalisées, et ce ne serait qu'à la fin de la cinquième année, c'est-à-dire lorsque le colon aurait au moins deux récoltes en réserve, que commencerait sa libération par annuités et par dixièmes, étant bien entendu que la libre possession serait subordonnée à l'acquit du passif.

Ainsi ce ne serait plus des sacrifices que l'État aurait à faire, mais de simples avances, dont l'intelligente répartition assurerait le succès de la petite culture, création pleine d'intérêt, car elle doit être la récompense du travail et l'organisation de la fortune du pauvre.

Cette fortune, toutefois, ne saurait prospérer dans l'isolement. Il faut en bonne économie agricole que la petite propriété trouve à s'abriter sous la grande dont à son tour elle est l'appui, et afin que cet échange mutuel d'aides et de services qui doit faire leur force commune, puisse s'opérer aisément, je voudrais, sauf peut être quelques exceptions pour certaines positions qui demanderaient à être plus fortement constituées, qu'aux grands villages qui étaient le système de l'ancienne administration, système d'ailleurs fort embarrassant dans bien des cas, on substituât pour les disséminer à l'infini, des petits hameaux de cinq, six, dix maisons, quinze au plus, suivant l'importance des terrains disponibles. L'expropriation des arabes offrira à cet effet des emplacements commodes et nombreux, et de la sorte la petite propriété se rencontrera partout en contact avec la grande.

En général, ce qu'on est convenu en Afrique d'appeler la grande propriété appartient à ces colons audacieux qui venus au commencement de la conquête pour y faire de l'agriculture, en ont été fatalement détournés par les dangers de la guerre d'abord, et plus tard, faute de garanties et d'encouragements, par l'administration elle-même, qui dans le principe surtout semble s'être efforcée de concentrer leurs ressources et leur activité dans l'enceinte de ses murailles. On sait jusqu'où est allé depuis, cette fureur du jeu sur les terrains de ville, illusion ruineuse, véritable agio dont la base fictive s'est écroulée sous un immense désastre.

Ruinés dans leur industrie, il reste encore à ces vétérans de l'occupation, une fortune plus réelle que celle qu'ils ont perdue, de magnifiques terres dont l'exploitation les aura bien vite relevés, aussitôt que par la disparition des fièvres et des facilités d'argent ils pourront les mettre en valeur.

A ceux-là il ne faut qu'une chose, du crédit; mais ce crédit indispensable, l'État seul aujourd'hui peut l'ouvrir à la colonisation par la création d'une **Caisse agricole.**

Spécialement destinée à la **grande propriété**, cette caisse dont je donne le spécimen à la fin de mon projet, devrait disposer d'un capital assez élevé pour pourvoir à peu près à son entière installation. Mais, si d'une part, il convient que son importance soit calculée sur les besoins de l'espace à coloniser, la prudence veut aussi qu'elle prenne pour règle de ses placements la probabilité du produit des terres créditées.

C'est cette moyenne que j'ai du rechercher, et que j'ai établie principalement d'après la notoriété publique. Or, il est notoire qu'autour des villes, et dans un rayon de sept à huit lieues, le produit le plus bas d'un hectare de terre en imparfait rapport est en

Afrique de 300 fr. au moins, tandis que c'est généralement le prix le plus haut de son aménagement complet depuis les constructions jusques la récolte; d'où il suit que ce chiffre de 300 fr. par hectare pourrait être pris pour base du crédit agricole, toutefois, cependant qu'il ne s'agirait pas de terres inférieures ou broussailleuses dont je m'occupe d'autant moins, qu'elles coûteraient fort cher à défricher et que d'ailleurs, moins insalubres que les autres, il est nécessaire de les conserver, tant pour la dépaissance que pour les besoins du chauffage.

Mais comme à ce compte, et malgré la défalcation des mauvaises terres et des villages dont je ne parle pas ici, puisqu'ils sont soumis à une tutelle spéciale, la colonisation de la Mitidja seulement absorberait un crédit de près de 25 millions, j'ai dû dans l'impossibilité où l'État se trouve aujourd'hui de se démettre de cette somme, aviser à la simplifier des deux tiers au moins, en cherchant à cette réduction contrainte une compensation dans les forces inertes de l'armée, dont l'intervention serait d'autant plus heureuse, que tandis que les ouvriers des chantiers nationaux ouvriraient les routes, creuseraient les canaux, construiraient les villages de la plaine, les travailleurs de l'armée, robustes et mobiles comme eux en feraient le défrichement (*), et de la sorte se trouverait préparée en peu de temps et sur tous les points à la fois, l'introduction normale de la famille, dernière et véritable expression de la colonisation.

Que le gouvernement, qui est obligé d'entretenir en Afrique un grand effectif militaire, affecté donc au service de la grande propriété, non pas gratuitement, mais à raison de 50 cent. par exemple, par homme et par jour, la partie disponible de cette brave et vaillante armée, et la question d'argent aussi bien que celle des fièvres et des Arabes se trouvera ainsi péremptoirement résolue.

(*) Dans la plaine tous les défrichements devront se faire à la charrue.

Pour les soldats comme pour les ouvriers, il serait du reste également facile et rigoureux de ménager une intermittence salutaire entre les travaux des champs et le service militaire, et afin qu'il y eût analogie d'avantages autant que de dévouement, il serait juste aussi de réserver à l'armée la construction d'un certain nombre de villages que les plus méritants, parmi les soldats libérés, viendraient peupler, aux mêmes conditions que les ouvriers eux-mêmes.

Je n'ai pas besoin d'ajouter que la modeste rétribution de 50 c. par homme n'est pas un salaire, mais une simple et fraternelle indemnité offerte au colon militaire par le colon civil qui en Afrique est aussi un soldat, et ce serait méconnaître le sentiment de l'armée que de n'être pas assuré qu'elle sera fière de coopérer à la consolidation du pays dont la conquête sera son éternelle gloire.

Le moment est propice, la pacification des Arabes assure sa disponibilité, et il est d'autant plus utile de se hâter de diriger ses forces vers l'agriculture pour en préparer le fonctionnement régulier, qu'au premier moment la république peut avoir besoin de tous ses bataillons, et que la prudence exige que pas un soldat ne quitte l'Afrique qu'il n'y ait été remplacé par une famille.

CONCLUSION.

Des ouvriers que la France ne peut ni ne doit abandonner; des soldats qu'il faut qu'elle entretienne, voilà déjà les deux tiers des moyens destinés à l'exécution de mon projet qui n'obéreront pas l'État d'une obole de plus que ses charges forcées. Reste la question du crédit, mais en présence de l'œuvre cette objection ne saurait être fondée, même quand il s'agit de huit ou dix millions qu'un compte courant avec la Banque pourrait réduire à deux. Dix millions! Est-il survenu une révolution en France qui ne nous ait coûté cent fois plus ? ne le regrettons pas puisque la liberté en a été le prix, mais afin qu'une révolution nouvelle ne vienne nous l'enlever, avec le cercle de la pensée étendons aussi le cercle des droits et des joussances, jetons un pont sur la méditerranée et à ces ambitions inquiètes et jalouses que la France ne saurait satisfaire sans jeter le trouble dans tout ce qui est saint, la famille et la propriété, livrons l'immensité de l'Afrique. Livrons-là surtout à cette ambition respectable qui a pour base le travail; c'est là qu'il faut le nationaliser, afin que par lui des milliers d'ilotes, soldats de l'insurrection a Paris, conservateurs et défenseurs du sol en Afrique, puissent y aboutir promptement au privilége de la possession, ce rêve incessant, ce grief intime de ceux qui en sont déshérités contre ceux qui possèdent.

L'Afrique c'est la gloire de la France, encore un dernier effort et elle en sera la fortune. Après avoir dépensé deux miliards, ne marchandons pas quelques millions de plus pour arriver à les recouvrer.

Mais cependant, si l'objection était radicale, si elle était fondée sur une difficulté présente, sur une impossibilité, eh bien alors, que l'État, qui deux fois a donné le domaine de la Rasauta à deux princes étrangers et plus tard à la tribu des Aribs qui l'occupe en ce mement, ce qui par parenthèse est un scandale, mette en loterie nationale divisée en cent lots gagnants, cette magnifique terre qui, comme on sait, touche presque à Alger.

A raison de 1,000 fr. l'hectare et à 1 fr. le billet, la Rasauta, dont l'étendue est de 4,300 hectares, produirait ainsi 4,300,000 fr., desquels déduisant 10 pour 100 pour le placement des billets exclusivement confié aux tambours des gardes nationales de France invitées à prendre sous leur patriotique protection cette loterie de haute utilité, il resterait 3,870,000 francs, et je ne crois pas me tromper en affirmant qu'avant trois mois cette somme serait réalisée, car il n'est pas un seul endroit en France qui n'ait à maintenir en Afrique un souvenir de gloire ou un intérêt d'argent.

Nantie de ce dépôt, la Banque ne refuserait pas sans doute un crédit de 10 millions à la **Caisse agricole**, et de la sorte la colonisation de la Mitidja ne coûterait à la nation qu'un peu de bonne volonté, ce qui revient à dire que si la monarchie a conquis l'Afrique, la république; que Dieu garde, la sauvera !

Spécimen de la Caisse agricole.

Garanti par des titres hypothécaires, le fonds de la **Caisse agricole** qui, à raison de 100 fr. par hectare et de 80,000 hectares pour la Mitidja seulement limitée et réduite comme je l'ai indiqué, s'élèverait à la somme de 8,000,000 fr., pourrait être émis sans aucun danger par la banque de France ou par le Trésor.

Voici comment, sauf meilleur avis, je comprendrais que devrait fonctionner cette Caisse pour agir en toute prudence.

Le crédit qu'elle aurait pour objet étant tout territorial, on n'admettrait à l'escompte que les propriétés dont les titres auraient été homologués par le conseil du contentieux; dont l'institution locale mériterait tout éloge, si ses opérations pouvaient marcher avec un peu plus de célérité. On dénombrerait ensuite une quantité fixe ou relative de terres inférieures ou broussailleuses qui n'auraient pas droit au crédit, et on diviserait en douze titres égaux la somme destinée à la quantité reconnue créditable.

Détachés d'un registre à souche tenu à la conservation des hypothèques, ces titres privilégiés sur la propriété qui en serait le gage, seraient remis au titulaire de ladite propriété, qui ne pourrait en faire usage qu'avec la *Caisse agricole* où ils seraient exclusivement et même conditionnellement négociables, en ce sens que chaque négociation qui, dans tous les cas, ne se ferait que par douzièmes

et de mois en mois, serait accompagné d'un certificat spécial déli-
vré par un inspecteur de la colonisation, constatant que les crédits
précédents auraient été appliqués à l'amélioration de la propriété
créditée.

Cette règle, du reste, ne serait suivie que jusqu'à l'épuisement
complet du premier crédit, qui, se renouvelant par voie de compte
courant, mais toujours avec les mêmes titres hypothécaires, serait
dès lors affranchi de tout témoignage.

Quant aux échéances, elles devraient généralement être fixées
aux époques des diverses récoltes et l'intérêt de l'argent établi à
8 p. 0/0.

Avant la fin de la première année surtout, la Caisse devrait avoir
soin de ne pas se dessaisir de plus des dix-douzièmes de la somme à
prêter.

En cas de non paiement, la Caisse renouvellerait sans frais, mais
elle suspendrait tout crédit jusqu'à la nouvelle échéance qui varierait
au gré du débiteur d'un à six mois au plus, délai après lequel la
Caisse aurait droit de poursuivre et même de faire vendre aux enchères publiques, après un dernier atternoiement de trois mois.

Hypothèques, poursuites et vente devraient être exceptionnelle-
ment tarifés à un droit fixe et réduit.

PARIS. — IMPRIMERIE DE BRAULÉ ET VAIGNAND,
rue Jacques de Brisac, 8.

et de [illegible] accompagné d'un compte spécial [illegible] par [illegible] de l'administration, constatant que les crédits [illegible] dernier [illegible] appliqués à l'amélioration de la propriété [illegible].

Cette [illegible] du crédit ne serait ouverte que jusqu'à l'époque [illegible] du premier crédit, qui, se renouvelant par voie de compte courant, sans toujours avec les mêmes titres hypothécaires, serait dès lors affranchi de tout témoignage.

Quant aux redevances, elles devraient généralement être fixées aux époques des diverses récoltes, et l'intérêt de l'argent établi à p. 0/0.

A [illegible] la fin de la première année surtout, la Caisse devrait avoir soin de ne pas se dessaisir de plus des deux tiers des sommes [illegible] de la somme prêtée.

La Caisse [illegible] et sans frais, elle expédierait tout crédit jusqu'à la nouvelle échéance, qui varie au gré du débiteur, d'un le six mois ou puis deux après lequel la Caisse aurait droit de poursuites et même de faire vendre aux enchères publiques, après un dernier avertissement donné trois mois [illegible].

Hypothèque [illegible] pourrait être exceptionnel [illegible].

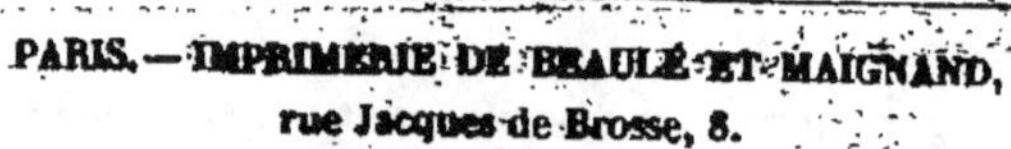
PARIS. — IMPRIMERIE DE BEAULÉ ET MAIGNAND,
rue Jacques de Brosse, 8.